La part du colibri

La collection *Mikrós essai*
est dirigée par Jean Viard

L'éditeur remercie le Festival du Livre de Mouans-Sartoux,
grâce auquel ce texte de Pierre Rabhi a pu être publié.

www.editionsdelaube.com

ISBN 978-2-8159-2822-9

Pierre Rabhi

La part du colibri

L'espèce humaine face à son devenir

éditions de l'aube

Ce texte est disponible
en version illustrée par Pascal Lemaître,
chez le même éditeur.

La terre, être silencieux dont nous sommes l'une des expressions vivantes, recèle les valeurs permanentes faites de ce qui nous manque le plus : la cadence juste, la saveur des cycles et de la patience, l'espoir qui se renouvelle toujours car les puissances de vie sont infinies. Il nous faudra sans doute, pour changer jusqu'au tréfonds de nos consciences, laisser nos arrogances et apprendre avec simplicité les sentiments et les gestes qui nous relient aux évidences. Retrouver un peu du sentiment de ces êtres premiers pour qui la création, les créatures et la terre étaient avant tout sacrées...

M'appuyant sur ce credo, je propose de poser quelques-unes des questions qui me tourmentent depuis plus de quarante ans.

Comment se fait-il que l'humanité, en dépit de ressources planétaires suffisantes et de ses prouesses technologiques sans précédent, ne parvienne pas à faire en sorte que chaque être humain puisse se nourrir, se vêtir, s'abriter, se soigner et développer les potentialités nécessaires à son accomplissement ?

Comment se fait-il que la moitié du genre humain, constituée par le monde féminin, soit toujours subordonnée à l'arbitraire d'un masculin outrancier et violent ?

Comment se fait-il que le monde animal, à savoir les créatures compagnes de notre destin et auxquelles nous devons même notre propre survie à travers l'histoire, soit ravalé dans notre société d'hyperconsommation à des masses ou à des fabriques de protéines ? Comment les mammifères bipèdes, auxquels j'appartiens ont-ils pu se croire le droit d'exercer d'innombrables exactions sur le monde animal, domestique ou sauvage ?

Comment se fait-il que nous n'ayons pas pris conscience de la valeur inestimable de notre petite planète, seule oasis de vie au sein d'un désert sidéral infini, et que nous ne cessions de la piller, de la polluer, de la détruire aveuglément au lieu d'en prendre soin et d'y construire la paix et la concorde entre les peuples ?

Ces questions qui demeurent à ce jour sans réponse mettent en évidence la faillite de notre conscience et l'obscurantisme dans lequel nous évoluons en dépit de nos connaissances. Nous restons enlisés dans un profond et immense malentendu. Et je me demande si nous ne confondons pas nos aptitudes, qui nous permettent tant de performances pour le meilleur et pour le pire, avec l'intelligence qui devrait éclairer nos actes et nous aider à construire un monde différent…

Ces constats obligent à se demander si l'humanité est encore en mesure d'orienter son destin vers l'indispensable humanisation, à savoir la construction du monde avec ce qu'elle a de meilleur pour éviter le désastre du pire. Cette question se pose à la conscience de chacun d'entre nous. Et en dehors des grandes décisions politiques que les États doivent prendre et pour lesquelles nous devons militer, il nous appartient également à titre individuel de faire tout ce que nous pouvons dans notre sphère privée et intime, comme nous l'enseigne la légende amérindienne du colibri, appelé parfois l'« oiseau-mouche », ami des fleurs…

> Un jour, dit la légende, il y eut un immense incendie de forêt. Tous les animaux terrifiés et atterrés observaient, impuissants, le désastre. Seul le petit colibri s'active, allant chercher quelques gouttes d'eau dans son bec pour les jeter sur le feu. Au bout d'un moment, le tatou, agacé par ses agissements dérisoires, lui dit : « Colibri ! Tu n'es pas fou ? Tu crois que c'est avec ces gouttes d'eau que tu vas éteindre le feu ? » « Je le sais, répond le colibri, mais je fais ma part. »

Telle est notre responsabilité à l'égard du monde car nous ne sommes pas totalement impuissants si nous le décidons.

Aujourd'hui, l'ensemble de la société planétaire est en crise – sociale, économique et écologique – avec des risques de changement climatique et d'effets écologiques prévisibles et imprévisibles. L'épuisement à terme des ressources énergétiques fossiles, associé à une demande qui s'accroît sans cesse, constitue une menace de conflits sans précédent en même temps que le grippage de la civilisation de la combustion. Le modèle de développement qui a prévalu durant les deux derniers siècles se révèle totalement inadéquat pour les critères élémentaires de la pérennité que la nature et l'écologie nous donnent en exemple.

La part du colibri

C'est à la fin des années cinquante, au cœur même des « trente glorieuses », que j'ai pressenti les impasses d'aujourd'hui et décidé de donner à ma vie une orientation conforme à ce qui me paraissait être une logique réaliste, à savoir celle que la vie elle-même avait instaurée bien avant l'avènement de notre histoire. Ressaisir son propre destin pour le mettre en conformité avec ses convictions et ses aspirations représentait pour moi un acte d'authentique liberté.

Pour m'expliquer sur toutes ces questions et donner mon humble point de vue sur les causes de la crise du monde moderne, je voudrais, sans me donner en exemple, raconter brièvement mon itinéraire d'engagement qui, de mon Sahara natal, m'a amené vers les Cévennes où je vis avec ma famille depuis plus de quarante ans sur une ferme gérée et cultivée selon les principes écologiques. Je n'ai d'autre autorité que celle que m'a conférée mon engagement pour contribuer modestement à l'harmonie des humains entre eux et avec la nature, seules options réalistes, car immenses sont notre inconscience et notre amnésie.

Né dans une oasis saharienne du Sud algérien puis élevé dans une famille française, je suis de double culture[1]. Mon père, qui était forgeron, musicien et poète, fut contraint de descendre à la mine parce que notre pays, qui était colonisé par les Français, recelait dans son sous-sol cette matière noire appelée « houille ». C'est ainsi que le monde industriel s'est imposé à nous, modifiant notre mode traditionnel d'existence. Et c'est ce qui a incité mon père à me faire instruire au sein d'une famille française après le décès de ma mère. Quand je suis arrivé à Paris à l'âge de vingt ans, j'ai travaillé dans une entreprise en tant qu'ouvrier spécialisé. Dans la réalité, l'ouvrier spécialisé est celui qui n'est spécialisé en rien. Je n'avais d'ailleurs, pour ma part, pas la moindre qualification. Le microcosme de l'entreprise devint pour moi un poste d'observation éclairant sur la condition réelle

1. Voir *Du Sahara aux Cévennes ou la reconquête du songe*, Candide, Lavilledieu, 1984 ; Albin Michel, 1995.

des êtres humains dans ce qu'on appelle « la modernité ». La modernité repose sur la technique, l'énergie combustible et la science, censées produire du progrès destiné à apporter un bien-être généralisé à l'humanité.

La sincérité de ceux qui croyaient en ce miracle est indéniable, mais force est de reconnaître que ce progrès n'a bénéficié qu'à une minorité humaine et que même ceux qui en ont bénéficié n'ont aucune garantie sur sa pérennité.

Beaucoup plus tard, à la demande d'amis, considérant que j'étais, par mes engagements humanistes et écologistes, habilité à le faire et compte tenu de l'indifférence politique à l'égard de l'urgence écologique et humaine, j'ai voulu donner une place à cette problématique à l'occasion d'un grand enjeu national. J'ai mené une précampagne présidentielle en 2002. Pour ne pas retomber dans la politique conventionnelle et ses éternels clivages, nous avons choisi d'interpeller chacun avec un slogan, « Appel à l'insurrection des consciences », car l'écologie et l'humanisme sont d'un ordre incompatible avec l'étroitesse du système politique actuel. Il concerne chaque être humain, chaque créature

– il en va du salut ou du péril de tous. Cette aventure atypique postulait pour un nouveau paradigme, placer l'humain et la nature au cœur de nos préoccupations, et reprenait les alternatives que j'ai décrites plus haut.

Notre message politique eut un franc succès : en trois mois, il rassembla des milliers de personnes et recueillit 184 signatures d'élus que bien d'autres petits candidats nous ont enviées. Cette expérience a donc bien révélé une part assez large de citoyens partageant nos valeurs et nos aspirations. Des comités régionaux se sont organisés et l'impact de la pré-campagne fut indéniable. À présent, je ne ressens ni la force ni la conviction de l'utilité d'une nouvelle campagne, tout en craignant que l'urgence écologique et humaine soit absente des débats.

Nous passons notre temps à oublier, oublier que nous vivons sur une planète limitée à laquelle nous appliquons un principe illimité, ce qui accélère le processus d'épuisement des ressources et d'accroissement des inégalités structurelles, source de mécontentements, de frustrations et de conflits.

L'observation de l'espace nous a permis de constater que nous étions consignés et confinés sur notre petite planète sans aucun autre recours ou autre alternative que d'y instaurer la convivialité et le partage si nous voulons y survivre. Or tout ce que nous avons trouvé de mieux à faire, c'est le choix de l'antagonisme comme principe de vie : individu contre individu, nation contre nation, religion contre religion, etc., ce qui aboutit à la mondialisation, qui est tout le contraire du mondialisme, utopie généreuse qui n'a pu être édifiée. Sous un certain angle, c'est sur cet antagonisme que repose ce que nous appelons économie, elle-même stimulée par l'avidité et l'insatiabilité humaine érigées en système économique et qui génèrent disparités et fractures entre le Nord et le Sud, entre l'Est et l'Ouest, au sein même des pays prospères, entre les riches et les pauvres, validant des individus qui seraient « haut de gamme », cumulant tout le positif, et d'autres « bas de gamme », cumulant le négatif.

Autrement dit, l'humanité, probablement sous l'effet de l'insécurité psychique et de l'angoisse, n'a pas compris que convivialité et solidarité valaient beaucoup mieux que division, compétitivité et accaparement sans limite, générant une sorte d'anthropophagie structurelle, où l'excès de la minorité génère l'insuffisance et la précarité de la majorité.

Voilà à quoi je pensais à travers mon itinéraire d'engagement. La structure pyramidale s'impose comme option fondamentale du système et jusque dans notre microcosme avec la hiérarchie de l'avoir, du pouvoir et de l'oppression. Celle-ci repose sur la capacité de chaque individu à servir, par ses acquis, l'idéologie de la productivité quasi illimitée, à répondre à des nécessités de plus en plus superflues qu'elle invente, justifie et propage indéfiniment. Elle implique surtout la création de « besoins » sur les seules bases marchandes pour un profit illimité ; elle stimule la société de consommation dans une ambiance artificielle de pénurie et de manque au cœur de l'abondance.

C'est ainsi que j'ouvrais les yeux sur un monde en feu dans lequel il m'apparut que je devais faire ma part de colibri.

Le « miracle » de l'homme par l'homme

Le monde matérialiste d'aujourd'hui est donc en crise. Et j'ai la conviction que la majeure partie de ses désastres est due aux mauvais rapports que nous entretenons avec la nature et à la rupture de notre relation avec celle-ci. Oublier que la terre est la seule garante de notre vie et de notre survie condamne tous nos efforts et toutes nos prouesses technologiques à n'avoir aucun lendemain. Avec l'ère industrielle et l'ère de la thermodynamique, l'humanité est passée du « cheval-animal » au « cheval-vapeur » et a ainsi instauré la civilisation de la combustion dont on voit aujourd'hui les limites et le danger, avec la raréfaction du pétrole. Ce fut un bouleversement rapide car il y a seulement deux cents ans, Napoléon Bonaparte, tout-puissant qu'il fut, ne pouvait aller plus vite qu'Alexandre le Grand, Jules César ou Gengis Khan. Tous ces potentats restaient subordonnés à la vitesse de leurs chevaux. La nature leur imposait limites et cadences. Le fameux « miracle » industriel allait bouleverser l'ordre du monde en bénéficiant de la conjonction de plusieurs facteurs favorables :

– d'abord, le génie inventif de l'Occident en matière de physique, de mécanique, de chimie, d'électromagnétique, conjugué au capital financier venant en grande partie de l'épargne paysanne (les « bas de laine ») ;

– puis la libre disposition de gigantesques ressources planétaires – issues des vastes empires coloniaux que l'Europe s'était taillés par la force militaire –, associée à la force et à l'endurance des paysans les plus pauvres consignés aux travaux pénibles d'extraction des minerais pour les hauts fourneaux.

Vu sous cet angle, le « miracle » industriel repose sur une concentration exceptionnelle de moyens. Cela ne l'a pas empêché de s'ériger en un modèle prometteur de progrès généralisable pour le salut d'une humanité enfin affranchie des limites que lui imposait la nature. Il n'est pourtant pas difficile de comprendre qu'un modèle de civilisation qui bénéficie d'autant de facteurs favorables ne peut être qu'un phénomène paradoxal, impossible à généraliser sans un prévisible dépôt de bilan planétaire, et c'est parce qu'un nombre limité de nos semblables a pu l'appliquer que l'humanité survit encore.

Par ailleurs, l'idéologie prétendait qu'avec la science et la technique, les êtres humains allaient être libérés. Or l'observation des faits nous montre que l'itinéraire de vie d'un être humain dans la modernité est fait d'enfermements successifs : de la maternelle à l'université, il est enfermé – les jeunes appellent ça le « bahut » ; les femmes et les hommes en activité disent travailler dans des « boîtes », petites ou grandes ; les jeunes s'amusent en « boîte » et y vont dans leurs « caisses ». Ensuite vous avez la boîte où l'on stocke les vieux avant la dernière boîte, que je vous laisse deviner. Cela peut paraître caricatural mais révélateur d'un fait objectif.

Comment ne pas voir, avec ce programme d'existence, une forme d'aliénation de la personne ? Le modèle productiviste sur lequel repose l'organisation du monde moderne est absurde ! Prétendre que l'on peut continuer dans cette voie et satisfaire aux besoins de chaque être humain sur cette base est aberrant et mensonger. Comme l'a démontré le WWF avec l'« empreinte écologique », si chacun des six milliards d'habitants actuels vivait comme un Français moyen, il faudrait deux planètes supplémentaires pour assouvir les besoins de tous ;

et comme un Américain, six à sept planètes ! Nous sommes bel et bien aujourd'hui dans une impasse majeure car nous constatons que notre modèle de développement touche à ses limites. S'acharner à le perpétuer à tout prix, comme nous le faisons avec le dogme absolu de la croissance, condamne l'ensemble de l'humanité à un chaos économique, social et écologique. Nous sommes donc impérativement invités à changer pour ne pas disparaître.

La croissance en question

Nous sommes de plus en plus nombreux à penser que notre modèle d'existence moderne est erroné et ne peut être aménagé. Mais comment et par quoi le remplacer ? Y a-t-il une alternative ? La vie offre tant de possibilités, de combinaisons possibles ! Encore faut-il se libérer des vieux schémas et des références périmées qui nous rendent impuissants à penser le monde autrement. La première chose dont il faut prendre conscience, c'est que les critères liés à la nature sont indispensables. C'est la nature avant tout qui doit nous inspirer car elle est la seule garante véritable de notre pérennité. Sans elle, aucun projet n'est assuré d'un lendemain. Nous pouvons vérifier quotidiennement la fragilité, la vulnérabilité et les nuisances sociales, écologiques et économiques générées par l'ordre que nous avons établi non seulement en l'ignorant, mais plus encore en agissant contre elle. Nous pouvons également constater que la souffrance humaine ne cesse de croître. Souffrance multiforme : celle qui concerne le manque qui va jusqu'à des pénuries et des famines, celle qui concerne l'être avec un mal-être que l'abondance non seulement ne parvient pas à guérir mais qu'elle exacerbe souvent. Car à tout cela il manque le sens et ce bien suprême que représente le bonheur d'être en vie.

L'idéologie technico-scientifico-marchande a donné à l'argent une prépondérance et un pouvoir absolu sur le monde. L'argent est pourtant une belle invention qui a rationalisé le troc ; il a une valeur incontestable lorsqu'il représente le travail et la créativité humaine ou des biens vitaux. Aujourd'hui, on ne lui demande pas seulement de satisfaire nos besoins légitimes mais nos désirs les plus fous. L'économie est également une invention noble quand elle a pour mission de réguler les liens et les nécessités entre les êtres humains, et d'instaurer un ordre équitable à la satisfaction de chacun. Observée d'une façon plus objective, ce que nous appelons économie repose sur l'avidité et l'insatiabilité humaines avec un « toujours plus » stimulé par la publicité. Celle-ci a pour rôle d'exacerber l'insatisfaction, d'entretenir un sentiment de manque, de frustration permanente et donc d'amplifier le désir de consommation bien au-delà des nécessités. Les vrais besoins ont une limite naturelle : nourriture, vêtements, abri, soins… Le superflu, lui, n'a pas de limite. Il est la cause principale de l'hyperconsommation qui ruine notre planète et empêche que les besoins élémentaires de l'humanité soient équitablement satisfaits.

Une autre vision de la vie : l'humain et la nature au cœur des préoccupations

Il est urgent de placer *l'humain* et la *nature* au cœur de nos préoccupations, et l'économie à leur service. S'obstiner à maintenir le profit illimité et la croissance indéfinie comme fondement de l'ordre mondial est totalement suicidaire. Place donc à *l'utopie* qui n'est pas la chimère mais le « non-lieu », et j'ajouterais « de tous les possibles », à un réalisme qui réunisse l'intuition et la raison ; que celles-ci nous permettent de sortir de la léthargie et de la peur pour une aventure dans laquelle le risque devient l'expression suprême de la liberté. C'est à ce prix qu'un nouveau paradigme peut enfin advenir.

Nous voici donc investis d'une vision différente de la vie. Et nous nous apercevons que la planète et la vie sous toutes ses formes doivent être préservées. Pour ce faire, il faut placer le féminin au cœur du changement pour stopper une oppression tellement ancrée dans les mœurs qu'elle n'apparaît même pas comme l'exaction qu'elle est.

Il faut éduquer les enfants sans la compétitivité qui les angoisse mais sur la solidarité qui les renforce, les apaise, les reconnecte concrètement à la nature, de telle sorte qu'ils puissent s'ouvrir à sa beauté infinie, à sa générosité, à son mystère. Exalter leurs capacités créatives, qu'elles soient abstraites ou concrètes, en particulier le pouvoir et l'habileté des mains, organes par excellence de notre évolution. Développer en eux le sens de la liberté et de l'autonomie.

Il faut re-localiser les activités économiques, produire et consommer localement avec de nombreuses structures agricoles à taille humaine, produisant des denrées de haute qualité nutritive selon des principes écologiques préservant les biens communs indispensables à la survie que sont la terre, l'eau, la biodiversité végétale et animale.

Une autonomie locale éviterait les transports incessants de nourriture de tous les points cardinaux avec leurs corollaires : épuisement de la ressource énergétique, pollution, encombrement des circuits de circulation, appauvrissement et élimination des petits agriculteurs. Cela éviterait cette anecdote caricaturale pleine d'enseignements, vraie, significative de l'absurdité du système de régulation alimentaire. Dans les années 1980, on a pu voir un camion bourré de tomates quittant l'Espagne pour livrer la Hollande ; dans le même temps, un camion bourré de tomates partait de la Hollande pour livrer l'Espagne. Des circonstances incroyables ont fait qu'ils se sont percutés dans la vallée du Rhône, mêlant pêle-mêle des tomates hollando-espagnoles !

De son côté, l'artisanat devrait être en mesure de répondre aux besoins locaux, ainsi que le petit commerce. Le choix résolu de la microéconomie est le seul à pouvoir faire de chaque citoyen et de chaque citoyenne des acteurs de l'économie. Ces autonomies territoriales n'excluent évidemment pas l'échange au plan national ou international, qui doit concerner des biens dont l'absence nécessite ces échanges. Tout cela n'exclut pas non plus la production industrielle de biens, ajustés à un usage rationnel, solides, durables, modérés, et non cette pléthore générant des rebus monstrueux dont la production massive est significative de l'inintelligence du système – ou peut-être de son cynisme. En dehors de la production conventionnelle, un vaste champ d'innovation s'ouvre aux technologies dites alternatives tenant compte des facteurs énergétiques et écologiques. La société civile regorge de propositions concrètes et crédibles.

Changer est d'autant plus urgent que la misère s'accroît à grande vitesse dans le monde entier. Imaginons en France que l'État ne puisse plus assurer les dispositifs compensatoires tels que RSA, subventions à l'agriculture, aides au logement et autres ; que Emmaüs, le Secours populaire et les Restos du cœur ainsi que toutes les organisations caritatives cessent d'intervenir ; que les retraites et la Sécurité sociale soient amoindries par une conjoncture économique défavorable, etc. Nous pourrions alors mesurer l'ampleur du désastre. Il n'est pas vrai que la nation soit vraiment vivante : elle est maintenue artificiellement par une sorte de perfusion permanente et un acharnement thérapeutique qui masquent la réalité et qui dédouanent l'État de sa responsabilité à l'égard des citoyens. Il est improbable que le principe du pyromane – un ordre social et une logique guerrière inhumaine – et du pompier – les dispositions compensatoires et le secourisme social – puisse durer encore longtemps.

Cependant, la nouvelle organisation aura beau être structurellement bien pensée, elle pourra être remise en question par les humains dont elle est censée améliorer la condition et le destin. Car si l'être humain ne change pas quotidiennement pour atteindre générosité, compassion, éthique et équité, la société ne pourra changer durablement. On peut manger bio, recycler ses déchets et ses eaux usées, se chauffer à l'énergie solaire et exploiter son prochain. Cela n'est pas incompatible. Comme pour toutes nos innovations, la question est de savoir quelle conscience les détermine. Nos outils sont tous ambivalents pour le meilleur et pour le pire. La science a servi le meilleur et le pire. Internet a un double visage : les extraordinaires outils de communication dont nous disposons rapprochent-ils les êtres humains ou bien servent-ils la marchandisation du monde et la connexion des solitudes ? La pléthore des outils qui nous grisent sert-elle une frénésie à laquelle nous ne voulons pas renoncer ou bien sert-elle la convivialité du monde ? L'humanité est-elle enfin capable de mutualiser ce qu'elle a généré de meilleur pour éviter le pire ? Toutes ces questions, et bien d'autres encore, doivent éclairer notre cheminement pour qu'enfin nous sortions de l'obscurantisme qui gagne toute la planète.

L'agroécologie comme alternative

Devenu sans l'avoir recherché un homme public, je suis identifié comme écologiste, expert international en agroécologie. Grâce à cette discipline, j'ai pu, depuis plusieurs décennies, m'impliquer concrètement dans l'urgence de concilier et de réconcilier l'histoire humaine avec les fondements naturels dans lesquels elle s'inscrit irrévocablement. Nul ne peut nier aujourd'hui que ces deux réalités sont plus que jamais divergentes et antagonistes. En l'occurrence, la nature, même profondément meurtrie par l'humain comme elle l'est et peut l'être encore davantage, saura panser ses plaies et poursuivre le puissant processus commencé il y a des milliards d'années. Par contre, l'humain, par ses innombrables transgressions des règles établies par l'intelligence de la vie, risque d'être mis à mal, voire éradiqué. Il n'est pas vrai que nous dominions la nature et tant que ce mythe persistera, il nous maintiendra dans une illusion mortelle. La preuve que la nature reste maîtresse du jeu, c'est qu'elle nous applique ses règles draconiennes réservées à tout organisme vivant – à savoir la naissance, l'épanouissement, le déclin et la mort. Être riche et puissant ne change rien à la chose. Le monde microbien et viral, pour ne citer que cet aspect d'une réalité extrêmement complexe, peut nous réserver des surprises et mettre en échec toutes nos parades.

Quant aux grandes manifestations dues au changement climatique et autres bouleversements déjà à l'œuvre, nous en pressentons également les effets dévastateurs. L'humilité tient donc bien du réalisme et prendre en compte, pour organiser notre existence, les règles qui régissent la vie est une preuve de lucidité et d'intelligence. Je suis par exemple souvent stupéfait par l'ignorance du citoyen à l'égard de la terre à laquelle il doit sa survie alimentaire. Cette ignorance affecte la quasi-totalité de la société, y compris les intellectuels et même de nombreux scientifiques. La cité urbaine a pris la configuration d'une enclave minérale qui ne cesse de miter l'espace naturel par son extension. Cette enclave confinée constitue un système hors-sol appliqué à l'humain. Est-ce à cause du mépris dont la terre et les paysans ont été historiquement l'objet ? Dans tous les cas, la rupture entre le citadin et la nature vivante induit un comportement et même une pensée conformés par la structure urbaine et donc souvent fort étroits. Cependant, les habitants de la cité ont besoin, pour survivre, des biens de la terre. La ville engloutit des masses considérables de matière vitale sans contribuer à la produire. Même vaste, la cité n'offre à ses habitants qu'un espace exigu, un microcosme où ils survivent en consommant des biens « virtuels » puisqu'ils n'en connaissent pas la provenance, la « traçabilité » comme on dit. Il n'est donc pas étonnant que l'absence de la terre nourricière et de la nature génère une rupture psychique que chiens, chats, hamsters, poissons rouges et pots de géranium ne peuvent réduire.

Même la culture, qui est une expression omniprésente dans toute créativité humaine, aussi humble soit-elle, est réduite à ce qu'on appelle la création de l'esprit : littérature, peinture, théâtre, cinéma… marchandisables. L'industrie du divertissement consommable prend un essor formidable en tant qu'exutoire et le hublot de la télévision, qui permet un lien avec le vaste monde, fait oublier le confinement des habitants. Ces propos n'ont évidemment rien de sarcastique. Ils exposent des hypothèses, vraies ou fausses, pour expliquer ce phénomène paradoxal de l'ignorance de la réalité vivante par le monde contemporain.

Pour en revenir à l'agroécologie, il n'est pas impossible que l'agriculture industrielle soit un jour déclarée catastrophe écologique et sociale majeure. Ce qu'elle est de fait quand on a l'honnêteté d'en faire le bilan : destruction des sols, pollution des eaux et de l'environnement, démantèlement des écosystèmes naturels, des structures traditionnelles équilibrées, remembrement d'inspiration industrielle, perte de la biodiversité animale et végétale et domestique, élimination des petits paysans, dévitalisation de l'espace rural transformé en désert de maïs, de blé ou de tournesol, production de protéines animales selon les critères de la productivité massive, c'est-à-dire le maximum de production dans le minimum de temps et le minimum d'espace. Par sa consommation énergétique (12 joules combustibles pour 1 calorie alimentaire), cette agriculture est très dispendieuse. Il faut 3 tonnes de pétrole pour la production d'une seule tonne d'engrais... L'évolution des habitudes alimentaires donnant une place importante aux protéines animales (du pain au beefsteak) oblige à fournir aux animaux 10 protéines végétales pour l'obtention finale d'une protéine animale, soit 10 kilos de céréales donnés à un bœuf pour obtenir un kilo de viande... Un bœuf peut nourrir 1 500 personnes, la nourriture qui lui est donnée pourrait en nourrir 15 000.

La moitié du territoire agricole français est ainsi mobilisée pour nourrir les animaux. Avec ces méthodes, il faut également 400 litres d'eau pour produire un kilo de maïs grain, etc.

Le goût du poison

Ces quelques données trouvent leur apothéose dans la qualité de l'alimentation. Il y a belle lurette que certains agronomes et scientifiques ont essayé d'alerter l'opinion sur la problématique alimentaire. La perte de la qualité est telle qu'il n'est plus possible de nier les effets dévastateurs sur la santé des citoyens consommateurs. L'évolution de certaines pathologies parmi les plus lourdes est mise en évidence par des chercheurs rigoureux et compétents. L'agriculture moderne a certes résolu les insuffisances en termes quantitatifs, ce qui a permis la sécurité alimentaire, mais au prix d'une insalubrité croissante. On ne dira jamais assez combien l'option agricole moderne a influencé et modelé les structures sociales majeures. Son caractère concentrationnaire est à lui seul un des fondements du paradigme en vigueur. Et nous voici à présent dans un déséquilibre avec un rural en déclin et un urbain qui régurgite et ne garantit plus comme il l'a fait auparavant la survie des citoyens en leur offrant travail, salaire et ce qui en découle.

Quand, voilà plus de quarante ans, avec ma famille, nous avons quitté Paris pour nous installer à la terre, sur une petite ferme dans les Cévennes, nous pensions du même coup tourner le dos à l'obsession productiviste. Élève d'une école élémentaire d'agriculture et dans un premier temps ouvrier agricole, je me suis trouvé plongé dans cette obsession par la recherche de performances tous azimuts, par l'utilisation massive d'engrais chimiques, de pesticides, et de mécaniques pour agrandir les parcelles. Le jour du traitement des arbres était pour moi un cauchemar. Nous utilisions des substances chimiques, dont certaines avaient été responsables de nombreux décès dans la région[1]. Je me souviens encore de cette petite fiole à la toxicité foudroyante, avec son dessin de tête de mort sur fond rouge. Nous devions d'ailleurs porter des masques pour nous en protéger. Après le traitement, nous sentions une

1. Plus de 90 % de la surface agricole du monde industriel est aujourd'hui inondée de pesticides. Chaque année, jusqu'à 5 millions de personnes exposées de près à de hautes doses de pesticides souffrent d'empoisonnement aigu, plus de 20000 en meurent (Laurent de Bartillat et Simon Rettalack, *Stop*, Seuil, 2003).

odeur écœurante et nous trouvions à terre toutes sortes d'insectes foudroyés[1]. Choqué par ces atteintes à la vie et au vivant, je me suis trouvé devant le dilemme de renoncer à l'agriculture ou de faire autrement. C'est en découvrant le livre, *Fécondité de la Terre*, de Ehrenfried Pfeiffer[2] que j'ai pris conscience qu'il existait une autre manière de cultiver la terre, de sortir du cycle infernal de détruire pour produire. Concilier la nécessité de se nourrir avec le respect et la préservation de la vie était possible, et même démontré. Régénérer les sols, augmenter leur fertilité était possible. Produire des denrées de haute qualité nutritive, favorables à la santé, était possible. Respecter les animaux de la ferme était possible. Améliorer des sols rocailleux comme celui de notre ferme était possible. Alors s'ouvrit pour moi une magnifique

1. C'est au début des années 1960 que parut l'ouvrage de la biologiste Rachel Carson, *Le Printemps silencieux* (Plon, 1962), rapport déjà accablant sur les effets dévastateurs des pesticides aux États-Unis.

2. Ehrenfried Pfeiffer, *Fécondité de la terre. Méthodes pour conserver ou rétablir la fertilité du sol, le principe bio-dynamique dans la nature*, Triades, 1975 (première édition 1937).

aventure. Je devins agroécologiste en même temps qu'écologiste soucieux de ce merveilleux phénomène appelé la Vie.

L'agroécologie pourrait prendre une place prépondérante. De par sa dénomination, elle réunit deux nécessités : se nourrir et préserver la vie. D'une façon générale, l'agriculture écologique est une alternative et un antidote à l'agrochimie. Elle nous remet en présence des phénomènes qui entretiennent la vie depuis les origines. C'est la nécessité de ne pas les transgresser qui a inspiré les fondateurs de l'agriculture écologique. Celle-ci n'est pas à confondre avec l'agriculture paysanne traditionnelle, fort respectable et qui a su préserver la fertilité des sols grâce à l'apport de matière organique (fumier) abondante dans les fermes où les animaux étaient nombreux. L'agriculture écologique a tiré parti des connaissances scientifiques et agronomiques modernes en pédologie, microbiologie, énergie, etc. Contrairement à l'agrochimie, l'agroécologie repose sur un constat qui détermine toute la problématique : le sol est un organisme vivant à part entière et non un substrat neutre destiné à recevoir des engrais de synthèse. Cet organisme vivant, avec son métabolisme propre, est le siège d'une effervescence de micro-organismes, champignons, levures, insectes, vers de terre... Cette animation génère des substances nobles dont la plante peut disposer avec ses racines. La plante ancrée dans le sol s'épanouit dans l'air et reçoit l'énergie solaire et bien d'autres énergies plus subtiles. Elle devient le cordon ombilical qui transfère les substances de la terre et du cosmos vers notre estomac individuel. Ainsi sommes-nous inclus dans un ordre où la terre, le végétal, l'animal et l'humain sont reliés et liés aux autres éléments que sont l'eau, l'air, la chaleur, la lumière. C'est dans cet ordre vital que nous sommes inclus. Sortir de cet ordre nous condamne à terme et c'est exactement ce que nous faisons.

Certaines personnes, au fait de mon engagement inconditionnel pour l'écologie et l'humanisme, me demandent si je suis pessimiste ou optimiste pour l'avenir, si je ne suis pas parfois découragé. J'avoue m'être demandé assez souvent si je ne faisais pas partie des gens affectés par une sorte de *névrose écologique*. Tant de gens du monde politique, scientifique, religieux, des arts et du spectacle comme une majorité considérable de citoyens de la planète semblent indifférents au devenir collectif. Pourquoi sommes-nous si peu à faire de cette question pourtant cruciale une priorité absolue ? Peut-être sommes-nous dans l'erreur ? Les fameux sommets de Rio, Stockholm, Johannesburg, Kyoto…, censés permettre enfin à l'humanité de se concerter sur son sort commun, constituent de grandes messes avec des résultats très décevants – quelques minimes recommandations mal respectées, mal appliquées. Pourquoi tant de faux-semblants et d'hypocrisie ? L'avenir de notre planète et des humains qu'elle héberge n'intéresse ni les politiques ni ceux que l'on appelle les grands de ce monde. Leurs préoccupations sont ailleurs. La France consacre un ridicule 0,28 % de son budget national à l'environnement. Chaque jour, des exactions aggravent l'état de la biosphère. Une idéologie boulimique épuise les ressources et produit inégalités, souffrances et tragédies sociales. Face à ces problèmes, on nous dit qu'il y a de plus en plus de prise de conscience, comme s'il s'agissait d'une connexion électrique. Le temps n'est plus à la prise de conscience mais à des règles, des décisions et des actions honnêtes et déterminées.

Le temps est venu de consacrer des moyens à la vie et non à la mort, avec les armements qui n'en finissent pas de se perfectionner. Il paraît que nous avons de quoi détruire trois cents fois la planète ! Quelle absurdité ! Pourquoi ne pas affecter ces crédits à des programmes construisant un monde de simplicité, de respect du vivant, de paix ?

Comment donc continuer à croire en un avenir viable pour les générations futures ? Dans un échange avec mon ami Yehudi Menuhin, je lui disais qu'il n'est jamais trop tard pour agir. Il m'a rappelé très judicieusement qu'il est toujours trop tard pour quelqu'un. Pessimisme ou optimisme n'a pas de signification pour moi. Force est de prendre en compte deux hypothèses, et sans aucune certitude. L'une concerne nos transgressions qui, faute d'être éradiquées, nous mèneraient au chaos et même à la finitude de notre espèce.

L'autre hypothèse qui mobilise la ferveur de certains d'entre nous concerne la probabilité d'un sursaut de conscience qui permettrait de sortir de l'inconscience. Un sursaut qui mobiliserait toutes nos énergies pour construire le monde en mettant nos aptitudes, qui sont considérables, au service de l'intelligence. Celle qui a donné cohésion et cohérence au réel, ce réel dans lequel s'inscrit notre réalité.

Il nous faudra bien répondre à notre véritable vocation qui n'est pas de produire et consommer jusqu'à la fin de nos vies mais d'aimer, d'admirer et de prendre soin de la vie sous toutes ses formes.

Des songes heureux
pour ensemencer les siècles…

Sachez que la Création ne nous appartient pas,
mais que nous sommes ses enfants.

Gardez-vous de toute arrogance car les arbres
et toutes les créatures sont également
enfants de la Création.

Vivez avec légèreté sans jamais outrager l'eau,
le souffle ou la lumière.
Et si vous prélevez de la vie pour votre vie,
ayez de la gratitude.

Lorsque vous immolez un animal, sachez
que c'est la vie qui se donne à la vie
et que rien ne soit dilapidé de ce don.

Sachez établir la mesure de toute chose.
Ne faites point de bruit inutile, ne tuez pas sans nécessité ou par divertissement.

Sachez que les arbres et le vent se délectent de la mélodie qu'ensemble ils enfantent, et l'oiseau, porté par le souffle, est un messager du ciel autant que de la terre.

Soyez très éveillés lorsque le soleil illumine vos sentiers et lorsque la nuit vous rassemble, ayez confiance en elle, car si vous n'avez ni haine ni ennemi, elle vous conduira sans dommage, sur ses pirogues de silence, jusqu'aux rives de l'aurore.

Que le temps et l'âge ne vous accablent pas car ils vous préparent à d'autres naissances, et dans vos jours amoindris, si votre vie fut juste, il naîtra de nouveaux songes heureux, pour ensemencer les siècles.

Pierre Rabhi[1]

---

1. Extrait du *Recours à la terre*, Terre du ciel, 1995.

Colibris
Faire sa part

Créé en 2007 sous l'impulsion de Pierre Rabhi, le mouvement Colibris se mobilise pour la construction d'une société écologique et humaine. Il place le changement personnel au cœur de sa raison d'être, convaincue que la transformation de la société est totalement subordonnée au changement humain. Colibris s'est donné pour mission d'inspirer, relier et soutenir les citoyens engagés dans une démarche de transition individuelle et collective.

Inspirer

Colibris dessine la société de demain et explore les dernières initiatives écologiques et citoyennes qui participent à construire la société de demain en proposant :

– des campagnes de mobilisations citoyennes :
– une collection de livres, « Domaine du Possible » : une série d'ouvrages, co-éditée avec Actes Sud, pour créer le lien entre le constat critique issu de l'investigation scientifique et la proposition de solutions pratiques et originales ;
– des documentaires : *Solutions locales pour un désordre global*, de Coline Serreau, *Au nom de la terre*, de M.-D. Dhelsing, *En quête de sens*, de Nathanaël Coste et Marc de la Ménardière, *Demain*, de Cyril Dion et Mélanie Laurent.

Relier

Pour relayer le mouvement au plus proche des citoyens et des territoires, l'association Colibris s'appuie sur un réseau de groupes locaux.

133 groupes bénévoles relaient les initiatives du mouvement partout en France et désormais en Belgique et en Suisse. Ils font leur part en inspirant, reliant et soutenant les initiatives qui émergent sur leurs territoires.

La Carte « Près de chez vous »: pour trouver où manger bio, local et de saison, comment construire une maison plus écologique, trouver ou créer une AMAP…

Soutenir

Le Projet Oasis

Le mouvement Colibris soutient la création de lieux de vie et de ressources au sein d'un immeuble, une rue, un quartier, un village… partout où cela sera possible ! Le mouvement appelle tous les citoyens et les élus à « faire ensemble » et à se mobiliser pour l'émergence de nouvelles oasis d'entraide et de solidarité et accompagne les porteurs de projet dans la construction de leurs oasis. Plus de 100 lieux de ce type existent déjà en France. Le projet vise la création de 100 oasis supplémentaires d'ici dix ans.

L'Université des colibris

Le mouvement Colibris a lancé son université en ligne et propose des formations en ligne gratuites pour faciliter la transition individuelle et la construction de projets écologiques.

La Fabrique des colibris

La Fabrique est une plateforme d'entraide citoyenne où chacun peut offrir son temps, son talent, du matériel, ou un peu d'argent au service de projets inspirants. En quelques clics, vous découvrirez comment vous impliquer et soutenir des projets qui participent à l'émergence d'une société plus écologique et solidaire !

www.colibris-lemouvement.org
info@colibris-lemouvement.org

colibris
faire sa part

Chez le même éditeur (extrait)

Xavier Crettiez, Bilel Ainine, *« Soldats de Dieu ». Paroles de djihadistes incarcérés*
Isabelle Albert, *Le trader et l'intellectuel. La fin d'une exception française*
Jean Claude Ameisen, avec Nicolas Truong, *Les chants mêlés de la Terre et de l'Humanité.* Illustrations de Pascal Lemaître
Alain Badiou, *D'un désastre obscur. Droit, État, politique*
Guy Bedos, avec Gilles Vanderpooten, *J'ai fait un rêve*
Tahar Ben Jelloun, *Un pays sur les nerfs*
Philippe J. Bernard, Thierry Gaudin, Susan George, Stéphane Hessel, André Orléan, *Pour une société meilleure !*
Lucien Bianco, *La révolution fourvoyée. Parcours dans la Chine du XXe siècle*
Laurent Bibard, *Terrorisme et féminisme*
Jean Blaise, Jean Viard, avec Stéphane Paoli, *Remettre le poireau à l'endroit*
Christian Bromberger, *La Méditerranée entre amour et haine*
Isabelle Cassiers (dir.), *Redéfinir la prospérité*

Isabelle Cassiers, Kevin Maréchal, Dominique Méda (dir.), *Vers une société post-croissance*
Laurent Chamontin, *L'empire sans limites. Pouvoir et société dans le monde russe*
Bernard Chevassus-au-Louis, *Biodiversité: voir la vie autrement*
Pierre Clastres, *Archéologie de la violence. La guerre dans les sociétés primitives*
Daniel Cohn-Bendit, avec Jean Viard et Stéphane Paoli, *Forget 68*
Pierre Conesa, *Guide du paradis. Publicité comparée des Au-delà*
Ernst-Robert Curtius, *Essai sur la France*
Boris Cyrulnik, *La petite sirène de Copenhague*
Boris Cyrulnik, Edgar Morin, *Dialogue sur la nature humaine* (existe en version illustrée par Pascal Lemaître)
Boris Cyrulnik, Boualem Sansal, avec José Lenzini, *L'impossible paix en Méditerranée*
Boris Cyrulnik, Tzvetan Todorov, avec Nicolas Truong, *La tentation du Bien est beaucoup plus dangereuse que celle du Mal*
Caroline Dayer, *Sous les pavés, le genre*
Caroline Dayer, *Le pouvoir de l'injure*
Jean-Baptiste Decherf, *Le grand homme et son pouvoir*
Antoine Delestre, Clara Lévy, *L'esprit du totalitarisme*
Christine Delory-Momberger, François Durpaire, Béatrice Mabilon-Bonfils (dir.), *Lettre ouverte contre l'instrumentalisation politique de la laïcité*
François Durpaire, Béatrice Mabilon-Bonfils, *Fatima moins bien notée que Marianne… L'islam et l'école de la République*
Victor Eock, avec Nicolas Balu, *La rage de survivre*
Yassine Essid, *La face cachée de l'islamisation*
Bruno Étienne, *Une grenade entrouverte*
Thomas Flichy de La Neuville, *L'Iran au-delà de l'islamisme*
Thomas Flichy de La Neuville, Olivier Hanne, *L'endettement ou le crépuscule des peuples*

Thomas Flichy de La Neuville, *Les grandes migrations ne détruisent que les cités mortes.* Illustrations de Pascal Lemaître
Jérôme Fourquet, *Accueil ou submersion ? Regards européens sur la crise des migrants*
Jérôme Fourquet, *La nouvelle question corse. Nationalisme, clanisme, immigration*
Hervé Glevarec, *La culture à l'ère de la diversité. Essai critique, trente ans après La Distinction*
Robert Giraud, *Cent années de Russie : de la Révolution à nos jours*
Martin Gray, avec Mélanie Loisel, *Ma vie en partage*
Michaël Guet, *Dosta ! Voir les Roms autrement*
Félix Guattari, *Lignes de fuite. Pour un autre monde de possibles*
Claude Hagège, *Parler, c'est tricoter*
Malika Hamidi, *Un féminisme musulman, et pourquoi pas ?*
Françoise Héritier, avec Caroline Broué, *L'identique et le différent*
Stéphane Hessel, évocations avec Pascal Lemaître, *Dessine-moi un Homme*
Stéphane Hessel, avec Gilles Vanderpooten, *Engagez-vous !*
Stéphane Hessel, avec Edgar Morin et Nicolas Truong, *Ma philosophie*
François Hollande, Edgar Morin, avec Nicolas Truong, *Dialogue sur la politique, la gauche et la crise*
Nancy Huston, *Naissance d'une jungle*
François Jost, *Pour une éthique des médias*
Jean-François Kahn, avec Françoise Siri, *Réflexion sur mon échec*
Marietta Karamanli, *La Grèce, victime ou responsable ?*
Dina Khapaeva, *Portrait critique de la Russie*
Étienne Klein, avec Denis Lafay, *Sauvons le progrès*
Denis Lafay (dir.), *Une époque formidable*
Denis Lafay (dir.), *Pour une véritable communauté humaine*
Hervé Le Bras, *Le sol et le sang*
Soazig Le Nevé, Bernard Toulemonde, *Et si on tuait le mammouth ?*

Mélanie Loisel, *Ils ont vécu le siècle*
Béatrice Mabilon-Bonfils, Geneviève Zoïa, *La laïcité au risque de l'Autre*
Noël Mamère, avec Stéphanie Bonnefille, *Les mots verts*
Virginie Martin, *Ce monde qui nous échappe*
Virginie Martin, Marie-Cécile Naves, *Talents gâchés. Le coût social et économique des discriminations liées à l'origine*
Dominique Méda, *Travail : la révolution nécessaire*
Éric Meyer, Laurent Zylberman, *Tibet, dernier cri*
Yves Michaud, avec Denis Lafay, *Aux armes citoyens*
Danielle Mitterrand, avec Gilles Vanderpooten, *Ce que je n'accepte pas*
Edgar Morin, *Où est passé le peuple de gauche ?*
Edgar Morin, avec Denis Lafay, *Le temps est venu de changer de civilisation.* Illustrations de Pascal Lemaître
Edgar Morin, *L'esprit du temps*
Manuel Musallam, avec Jean Claude Petit, *Curé à Gaza*
Thi Minh-Hoang Ngo, *Doit-on avoir peur de la Chine ?*
Pascal Noblet, *Pourquoi les SDF restent dans la rue*
Michel Onfray, *La parole au peuple*
Yves Paccalet, avec Gilles Vanderpooten, *Partageons ! L'utopie ou la guerre*
Jéromine Pasteur, avec Gilles Vanderpooten, *La vie est un chemin qui a du cœur*
Serge Paugam, *Vivre ensemble dans un monde incertain*
Edgard Pisani, *Mes mots. Pistes à réflexion*
Sandrine Prévot, *Inde. Comprendre la culture des castes*
Pun Ngai, *Made in China. Vivre avec les ouvrières chinoises*
Pierre Rabhi, *La part du colibri* (existe en version illustrée par Pascal Lemaître)
Dominique de Rambures, *Chine : le grand écart. Modèle de développement chinois*
Hubert Ripoll, *Mémoire de « là-bas ». Une psychanalyse de l'exil*

Laurence Roulleau-Berger, *Désoccidentaliser la sociologie*
Olivier Roy, avec Nicolas Truong, *La peur de l'islam*
Pierre Sallenave, *La ville se rêve en marchant*
Marlène Schiappa, *Le deuxième sexe de la démocratie*
Marlène Schiappa, *La culture du viol*
Céline Schoen, *Parents de djihadiste*
Youssef Seddik, *Le grand malentendu. L'Occident face au Coran*
Youssef Seddik, *Nous n'avons jamais lu le Coran*
Youssef Seddik, avec Gilles Vanderpooten, *Tunisie. La révolution inachevée*
Ioulia Shukan, *Génération Maïdan. Vivre la crise ukrainienne*
René Souchon, *Ruralité : quel avenir ?*
Philippe Starck, avec Gilles Vanderpooten, *Impression d'Ailleurs*
Benjamin Stora, avec Thierry Leclère, *La guerre des mémoires. La France face à son passé colonial*, suivi de *Algérie 1954*
Philippe Subra, *Zones À Défendre*
Pierre-Henri Tavoillot, *Faire ou ne pas faire son âge*
Alain Touraine, avec Denis Lafay, *Macron par Touraine*
Nicolas Truong (dir.), *Résistances intellectuelles*
Nicolas Truong (dir.), *Penser le 11 janvier*
Nicolas Truong (dir.), *Résister à la terreur*
Nicolas Truong (dir.), *Le crépuscule des intellectuels français*
Gilles Vanderpooten, Christiane Hessel (dir.), *Stéphane Hessel, irrésistible optimiste*
Pierre Veltz, *Paris, France, monde*
Jean Viard, *Chronique française. De Mitterrand à Macron*
Jean Viard, avec José Lenzini, *Quand la Méditerranée nous submerge*
Jean Viard, *Le moment est venu de penser à l'avenir*
Jean Viard, *Le triomphe d'une utopie*
Jean Viard, *La France dans le monde qui vient. La grande métamorphose*
Jean Viard, *Nouveau portrait de la France*

Jean Viard, *Penser la nature. Le tiers-espace entre ville et campagne*

Patrick Viveret, *Reconsidérer la richesse*

Patrick Weil, *Être français* (existe en version illustrée par Pascal Lemaître)

Emna Belhaj Yahia, *Tunisie. Questions à mon pays*

Mathieu Zagrodzki, *Que fait la police ? Le rôle du policier dans la société*

Jean Ziegler, avec Denis Lafay, *Les murs les plus puissants tombent par leurs fissures*

Pour limiter l'empreinte environnementale de leurs livres,
les éditions de l'Aube font le choix de papiers
issus de forêts durablement gérées et de sources contrôlées.

Achevé d'imprimer en janvier 2019
sur les presses de l'imprimerie New Print
pour le compte des éditions de l'Aube
331, rue Amédée Giniès, F-84240 La Tour d'Aigues

Numéro d'édition : 2823
Dépôt légal : avril 2018

Imprimé en Europe